PROJET

RELATIF A LA

DÉFENSE DE LA FRANCE

PAR

J.-B.-X. BARDON

AUTEUR DE PALMYRE

OFFICIER DE LA GARDE NATIONALE

> Préparez-vous à combattre encore ; ce n'est que par la lutte que les peuples énergiques finissent par reconquérir leur liberté.
>
> J.-B.-X. BARDON. *Palmyre*, t. II, ch. XXV, p. 207.

CLERMONT-FERRAND

TYPOGRAPHIE FERDINAND THIBAUD, LIBRAIRE

Rue Saint-Genès, 8-10.

1871.

J. M. J.

Pendant cinquante ans nous avons dépensé en France beaucoup d'esprit pour ne rien produire de sérieux. Aujourd'hui la parole ne doit plus être à l'esprit, mais aux événements, et l'action aux hommes bien pensants qui abdiquant leurs opinions personnelles n'ont réellement en vue que le salut et la grandeur de la France.

Encouragé par les nombreuses adhésions de personnages éminents par leur vaste savoir et leur haute position sociale, nous émettons notre opinion sur la réorganisation de notre système militaire tout entier et d'une portion de notre système légal.

Puisse notre pensée, plus ou moins modifiée, être l'une de ces nombreuses pierres que tout citoyen éclairé devrait façonner pour la réédification de notre édifice social.

Saint-Martin-Valmeroux, 10 août 1871.

Le peuple de France est le peuple le plus léger, le plus inconséquent et le plus enfant qui soit au monde. Pourvu qu'on l'amuse, i ne pleure pas; si on lui raconte de belles histoires, il rit; mais si on veut le diriger fermement dans l'intérêt de son bien et de son progrès moral, il boude, pousse des cris, parle de liberté et d'égalité, et dans sa colère, menace de faire trembler le monde entier. Enfant insensé qui ne sait pas que la liberté et l'égalité n'existeront jamais sur la terre, et que nous pouvons seulement et raisonnablement prétendre à la plus heureuse combinaison possible de ces deux éléments, pour donner à notre esprit et à notre cœur la plus grande extension et le plus grand bien-être matériel et moral.

Ainsi les deux premiers articles qui sont la base du droit public français:

Art. Ier. *Tous les Français sont égaux devant la loi, quels que soient d'ailleurs leurs titres et leurs rangs.*

Art. 2e. *Ils contribuent indistinctement dans la proportion de leur fortune aux charges de l'État.*

Sont absurdes, parce qu'ils ne peuvent être généralement appliqués. Comme on le voit, l'article premier établit une égalité réelle, individuelle de tous les Français devant la loi, et partant de ce principe, l'article deuxième établit pour tous les citoyens l'impôt proportionnel et progressif.

Nous ne nous étendrons pas sur les raisons qui peuvent prouver d'une manière évidente la fausseté radicale de ces deux principes fondamentaux du droit public français. Nous dirons seulement que l'égalité n'existe pas dans la loi divine et humaine et qu'elle n'existe pas davantage dans la nature.

D'abord, au point de vue divin, Dieu n'a pas d'égal, et il n'a pas établi d'égalité dans la première manifestation de sa puissance: la création des anges. Là, en effet, il a établi une hiérarchie, des rangs distincts ou des ordres différents; et à chacun de ces êtres spirituels, il a donné des missions diverses. Dans l'ordre humain, il a établi une supériorité et une infériorité: *l'homme et la femme*; et dans la supériorité même, Dieu a établi une hiérarchie ou des inégalités. Inégalité dans la distribution des dons de l'intelligence, inégalité dans la distribution des dons du cœur, inégalité dans la distribution des dons physiques, inégalité dans la distribution des dons de la fortune, ce qui prouve que, dans l'ordre humain comme dans l'ordre divin, l'égalité est nulle et qu'en appeler à ce principe, c'est recourir à un mot creux et vide de sens. Si de ces deux ordres, nous descendons à l'ordre purement naturel, nous trouvons dans tous les êtres, qu'ils soient instinctifs ou inanimés, des inégalités qui prouvent d'une manière irrésistible la hiérarchie que Dieu a établie dans tout ce qu'il a créé. Là, se trouvent écrits sur le front de chaque animal ces quatre mots: Loi du plus fort. Dans l'ordre purement inanimé, nous retrouvons le même système; et certes, le cèdre du Liban ne le cèdera jamais à l'humble arbuste qui croît sur les bords des ruisseaux. Ainsi inégalité partout et égalité nulle part.

On dira peut-être, pour répondre à ce que nous avançons, que tout homme étant égal devant la loi a droit aux mêmes égards et à la même justice; mais encore ici l'on voit des inégalités flagrantes. Tous les Français sont égaux devant le droit et devant la loi, c'est vrai, du moins c'est ainsi que le proclament notre droit public et nos constitutions, et moi j'ajoute: tous les hommes sont inégaux et devant le droit rendu et devant la loi appliquée. Les grands ne pourront-ils pas toujours corrompre et les jurés et les juges, et la justice rendue la plupart du temps par des juges pleins de partialité sera-t-elle juste, et l'homme faillible de sa nature pourra-t-il jamais mettre son impuissance au niveau d'un principe et d'un droit? Donc, nous devons dire que l'inégalité existe dans l'application de la loi civile et qu'elle peut exister à plus forte raison dans l'application de la justice militaire dont les causes sont presque toujours plaidées par des hommes incompétents.

Quant à l'article deuxième, nous dirons simplement que tous les citoyens ne participent pas indistinctement dans la proportion de leur fortune aux charges de l'Etat. Pour ne citer qu'un exemple en passant, ces hommes qui reçoivent de hauts traitements qui pourraient représenter quelquefois jusqu'à un million de capital, tels que les maréchaux, les cardinaux, les sénateurs, etc., n'entrent, en dehors de leur position personnelle, presque pour rien dans les charges de l'Etat, et se contentent de donner au Gouvernement le montant de leur cote personnelle, tandis qu'un pauvre laboureur sera grevé d'impôts. Si ce n'est pas une infamie, c'est, dans tous les cas, une erreur...

Ce n'est pas une critique que nous faisons, c'est une modification de l'ancien système que nous proposons. Nos opinions rencontreront certainement des censeurs plus ou moins sévères, mais nous ferons observer à ceux qui nous jugeront que, n'étant animé par aucune passion personnelle, nous avons examiné avec notre cœur patriotique et d'un œil froid et sûr les événements qui depuis quelque temps se sont déroulés devant nous, et les causes qui les ont rendus si funestes pour la France.

PROJET

RELATIF

A LA DÉFENSE DE LA FRANCE

CHAPITRE Ier.

Considérations sur l'origine, les mœurs, la politique et l'organisation des Armées des grandes puissances de l'Europe.

La politique des peuples varie suivant leur origine, leurs mœurs et leurs traditions. C'est pour cela que nous croyons utile, avant d'indiquer le système militaire qui conviendrait à la France en particulier, de jeter un coup d'œil sur les divers peuples de l'Europe, et afin d'avoir une idée nette de leurs principes et de leur politique, d'étudier leur origine, leurs mœurs et leur génie propre. Un peuple est un grand enfant qui apporte au berceau les instincts et les passions qui décideront un jour de sa destinée. Les instincts mauvais peuvent être corrigés, amoindris, mais jamais entièrement déracinés. Les peuples grandissent, la civilisation les énerve plus ou moins en les policant, mais ne détruit jamais le fond de leur caractère premier.

RUSSIE. — Les races slaves comprennent quatre nationalités : les Russes, les Polonais, les Hongrois et les Bohémiens. Ces Etats eurent leur commencement d'existence du sixième au huitième siècle; mais leur existence politique date surtout du quinzième siècle, époque à laquelle les Russes s'affranchirent du joug des Mongols. Nous savons le rôle qu'ont joué la Pologne, la Hongrie et la Bohême; ces trois puissances ont arrêté tour à tour les efforts des Turcs qui voulaient envahir l'Europe. Quant à la Russie, c'est Pierre-le-Grand qui l'a en partie créée.

Les mœurs des races slaves peuvent se résumer ainsi : esprit guerrier, asservissement. Nous allons examiner rapidement ces deux éléments qui constituent en partie le caractère russe, les autres races slaves s'étant fondues dans les races germaniques.

Les Russes aiment naturellement la guerre, les armes, la chasse; cependant ils sont moins militaires que totalement asservis ou entièrement indépendants. Il n'y a en Russie que deux classes : celle des boyards et celle des serfs; je ne parle pas de la bourgeoisie ou des commerçants dont les membres appartiennent tantôt à une classe, tantôt à l'autre. Les serfs complétement asservis aux seigneurs et attachés à la glèbe ne peuvent pas avoir de dévoûment individuel, attendu que le changement de propriété entraîne nécessairement pour les serfs le changement de maître. Or, dans le vasselage, ce qui tue surtout et avant tout l'esprit patriotique, c'est l'asservissement, l'éloignement des seigneurs et surtout le changement plus ou moins fréquent de maître. Les serfs ne servent ainsi les boyards que par la crainte du knout ou par intérêt. Les boyards, de leur côté, se croient plus ou moins indépendants du gouvernement,

Retirés au fond de leurs palais, ils se laissent aller aux passions les plus basses et les plus féroces : ils sont cruels, irascibles, implacables, vindicatifs et surtout partisans de la foi punique. Ce caractère, la nation russe le conservera toujours.

Quant à la politique de la Russie, elle se résume tout entière dans le fameux testament de Pierre-le-Grand : elle est envahissante et conséquemment tend à détruire l'équilibre européen, et à englober dans sa domination une grande partie de l'Europe.

Le mode de civilisation russe, ou pour mieux dire le défaut de civilisation dans toute autre classe que celle des boyards, nous montre naturellement la composition et l'organisation de l'armée. En Russie, comme en Prusse, tout le monde est soldat; cependant tous ne sont pas appelés immédiatement. Sauf quelques modifications, le système prussien et le système russe concordent. Toutefois, nous remarquons dans l'armée russe un grand défaut qui, même avec une supériorité numérique très-grande, peut amener des désastres excessivement graves : la difficulté de concentration et conséquemment peu de mobilité, surtout dans les commencements d'une campagne.

Prusse. — La Prusse, l'Autriche et les Cercles germaniques forment l'ensemble des races allemandes. L'esprit de ces races ou leur caractère général peut aujourd'hui se résumer ainsi, depuis l'extension que Luther a donnée à la liberté d'examen et partant à la liberté individuelle : amour de l'étude et de la discussion, ce qui constitue une supériorité intellectuelle bien préférable à notre superficielle facilité; amour de la patrie porté à un si haut degré que chez nous. Tout le monde sait que l'Autriche, la Prusse et enfin une grande partie de l'Allemagne sont peuplées par les descendants des anciens Germains. On sait assez à quoi s'en tenir sur le caractère de ces fiers Barbares, qui détruisirent les légions de Varus; aussi je n'en parlerai pas, je dirai simplement que la politique de ces peuples s'est toujours ressentie du caractère ardent, romanesque et guerrier de leurs fondateurs.

La Prusse, à son origine, qu'on me permette cette métaphore, est un cuirassier tombant quelquefois, mais se relevant aussitôt et, après avoir pansé ses blessures, courant avec une nouvelle ardeur au combat. Démembrée par Napoléon Ier, reconstituée par les traités de 1815, agrandie par la politique suivie depuis Sadowa, la Prusse n'a rêvé dans sa guerre contre la France qu'un grand empire d'Allemagne. Ce colosse qui se prépare, la Prusse; ce colosse qui existe déjà, la Russie, menacent de broyer le sud de l'Europe. Quant à l'Autriche, elle se rappelle toujours, malgré ses revers, le rôle qu'elle a joué depuis la fin du moyen-âge jusqu'à la fin des temps modernes. Aujourd'hui encore, elle voudrait essayer de reprendre son autorité perdue par la bataille de Sadowa et les agrandissements successifs de l'Allemagne du Nord. Plus rancuneuse que politique, elle s'éloigne de la France quand les races latines seules, en tant que catholiques, pourraient l'aider à se débarrasser des étreintes qui l'oppressent de toutes parts, soit du côté de la Russie, soit du côté de la Prusse.

Angleterre. — Modifiées par un long commerce, les races anglo-saxonnes n'ont pas conservé leur caractère primitif; aussi nous allons les étudier telles qu'elles nous paraissent exister aujourd'hui. L'Anglais est avant tout commerçant, et il a toutes les qualités et tous les défauts de cette classe d'hommes voués au pécule et au culte de Moloch.

En Angleterre, on distingue trois classes : le milord, le gros bourgeois et l'homme du peuple. Le lord est fier, arrogant, insolent; le gros bourgeois, outre qu'il est insolent et orgueilleux de sa fortune, est égoïste et froid; l'homme du peuple est rampant, pervers et méchant. Ainsi, comme on le voit, il y a une grande différence entre chacune de ces trois castes qui forment l'ensemble de la nation anglaise. Cependant, si la patrie est en danger, ces trois classes se réunissent pour faire cause commune contre le danger commun et se montrent prêtes à tous les sacrifices; mais ici il n'y a pas de dévoûment réel, d'amour vrai de la patrie, le cœur n'y est pour rien. Ce peuple est un peuple de marchands, et il agit toujours avec un égoïsme cupide : le milord pour conserver sa pairie héréditaire dans sa famille, le bourgeois pour conserver la prospérité de son commerce, l'homme du peuple pour avoir le droit de mendier des faveurs.

La politique de l'Angleterre pourrait se résumer en deux mots : commerce par la marine marchande, protection accordée au commerce par la guerre maritime. De là ou de ce principe, nous en arrivons directement à comprendre la politique intérieure de ce pays qui n'a cherché d'agrandissements réels que par sa marine.

**

Nous trouvons en effet que toutes les conquêtes anglaises s'étendent dans les colonies pour l'extension du commerce. Tout se réduit pour l'Angleterre à fournir des subsides aux puissances qu'elle attire à son parti, parce qu'elle ne se sent pas assez forte pour combattre seule contre une autre puissance du premier ordre.

Quant à sa politique intérieure, elle se résume dans une pensée et dans un principe: abaissement d'une classe et d'un peuple au profit d'une caste. C'est en partant de ce principe que nous pouvons expliquer la grande fortune des lords anglais, la grande misère du peuple et enfin ce qu'il y a d'excentrique dans les mœurs anglaises.

FRANCE. — § 1er. — A dater de 814 et du partage de l'empire de Charlemagne jusqu'au règne de Louis XI, la France est demeurée divisée en nationalités ou en principautés qui tantôt reconnaissaient la suzeraineté des rois francs, et tantôt se déclarant indépendantes, se régissaient d'après leurs coutumes et leurs traditions.

C'est en 1483 seulement, à la mort de Louis XI, que commence à se montrer l'homogénéité en France. A partir de cette époque, il y a eu une politique réelle ayant un but sûr et sérieux à atteindre.

Cette politique a pris des nuances diverses selon le besoin des époques, mais elle s'est toujours basée sur le caractère, les mœurs et le génie de la nation.

Le Français est naturellement brave, railleur, sceptique. Voltaire a personnifié le mauvais côté du caractère français : l'esprit satirique, car le Français vise avant tout à faire de l'esprit et à railler à propos de tout et à propos de rien. Bossuet, à un autre point de vue, a personnifié le Français intelligent, sérieux, poli et religieux. Napoléon et Désaix ont été à leur tour deux grandes personnifications du caractère français : esprit guerrier et cœur; mais Désaix était peut-être supérieur à Napoléon, parce que l'ambition ne l'aveuglait pas, et qu'il avait plus de vertu. Nous trouverions difficilement dans la nation française, depuis le commencement des temps modernes jusqu'à nos jours, un homme qui pût réunir au même degré ces trois diverses qualités qui forment la quintessence des mœurs françaises. Richelieu est peut-être le seul qui ait approché de plus près cet ensemble. Il était grand politique, comme l'abaissement de la maison d'Autriche nous le prouve, brave naturellement comme sa conduite au siége de la Rochelle nous le montre; sceptique, car, comme il le disait lui-même, il ne croyait à rien ou du moins ne croyait qu'à son but. Sa raillerie fine, souvent impérieuse et mordante, ne laissait pas à son interlocuteur le soin de lui répondre. Malgré ses graves préoccupations il était gai, jovial et galant, car pour plaire à Anne d'Autriche dont il voulait captiver le cœur, il méconnaissait quelquefois sa dignité et son génie, et s'amusait à danser devant elle comme un bouffon. Mais au milieu de toutes ces qualités, il y avait un grand vide : celui d'un cœur désintéressé, car jamais le cardinal de Richelieu n'a aimé que pour son propre intérêt, et partant s'est toujours vengé en vrai disciple de Machiavel.

Saint Vincent de Paul a été peut-être une plus grande personnification du caractère français que Richelieu, car saint Vincent de Paul, en dehors de ses talents, de son caractère ferme et ardent, de ses hautes conceptions sociales, avait un cœur désintéressé, loyal et généreux.

En résumé donc, le Français passera généralement pour léger, quoiqu'il soit capable de grands dévouements et de hautes combinaisons politiques. Alcibiade, à de longs siècles d'intervalle, était peut-être plus français que nous le sommes aujourd'hui. Ce caractère léger et railleur, n'est pas cependant sans avantage à la guerre, parce qu'il aide au soldat à supporter les fatigues inséparables d'une campagne et prévient le découragement.

Quant à la politique, elle est en relation avec les mœurs des nationalités qui composent le peuple français. On a dans l'histoire de France trois sortes de politique : celle de Louis XI, de Richelieu et de Napoléon Ier.

Louis XI s'est proposé deux buts : 1°. l'abaissement ou plutôt l'anéantissement du régime féodal ; 2°. l'unification de la France par l'annexion de la Provence, de la Bourgogne et de la Bretagne.

Richelieu a eu, quant au premier point, une politique semblable à celle de Louis XI. Il a voulu l'abaissement de la féodalité, et l'abaissement des maisons régnantes d'Europe qui voulaient être plus puissantes que la maison régnante de France. C'est de lui en partie que date le fameux système de l'équilibre européen. Nous négligeons de parler d'un côté de sa politique intérieure, c'est-à-dire l'apaisement des guerres intestines par la destruction du protestantisme ou plutôt par une politique et des guerres devant réduire à néant cette puissance secondaire qui menaçait de devenir une puissance dans l'Etat.

Quant à Napoléon, sa politique peut se résumer ainsi : abaissement de l'Angleterre par le blocus continental, anéantissement de sa marine et de son commerce et partant agrandissement de la puissance militaire et commerciale de la France ; développement de l'instruction par la création de l'Université et la liberté d'enseignement, protection accordée au sentiment religieux par le Concordat.

En résumé, la politique française comprend trois choses : 1º. le développement du système militaire ; 2º. développement de l'industrie et du commerce par l'agrandissement de notre marine ; 3º. développement de l'instruction par la liberté d'enseignement. Enfin, le point capital est celui-ci : La France catholique doit être unie aux puissances catholiques, son rôle étant de protéger la Papauté et l'Église contre les envahissements de la révolution. Donc, si elle avait compris son rôle depuis l'abaissement de la maison d'Autriche, alors que cette puissance n'était plus capable de lui donner de l'ombrage, elle aurait cherché à s'unir avec elle, avec les autres puissances catholiques de l'Allemagne et enfin avec l'Espagne et l'Italie confédérée. Ainsi, nous n'aurions pas laissé faire la Prusse et créer l'Italie, deux puissances qui menacent de nous étreindre de tous côtés. C'est parce qu'on s'est éloigné de cette ligne de conduite, que nous avons été réduits à la situation de voir, en présence d'une guerre formidable, nos finances dilapidées, notre armée amoindrie et désorganisée et notre commerce dépassé par celui des autres puissances.

§ II. — Pour faire le mieux il ne faut pas détruire tout ce qui est bien ; il faut prendre une grande partie de ce bien pour le convertir en mieux. Aussi, dans nos considérations sur les armées de l'Europe, nous pensons que l'on doit s'appuyer sur ce qu'il y a eu de bien dans tous les systèmes, pour le modifier plus facilement suivant le temps et les circonstances.

Nous allons jeter un coup d'œil rapide sur notre organisation militaire, créée en partie par Louis XIV et perfectionnée par Napoléon Ier. L'armée se recrutait alors par trois moyens : 1°. les enrôlements volontaires, 2°. les recrutements par capitulation qui formaient l'armée des mercenaires, 3°. l'appel des milices nobles. Ce système était bon sans doute, puisqu'il était une création, mais il présentait des vices radicaux.

1°. Les enrôlements volontaires pouvaient être très-nombreux sans doute, mais ils ne formaient pas un corps compacte dans lequel l'instruction pût être suffisamment donnée ; 2°. les mercenaires formaient un corps sérieux comme équipement et comme instruction, mais ils n'avaient pas de valeur réelle, ou plutôt n'avaient qu'une valeur relative, parce qu'ils pouvaient se vendre au plus offrant. 3°. les milices nobles qui n'étaient, le plus souvent, qu'une réunion de gentillâtres, n'avaient aucune connaissance de la guerre et de la discipline. Ces corps indisciplinés se battaient bravement, mais sans tactique et sans entente, de sorte que leur concours était souvent plus nuisible qu'utile, surtout dans les grandes batailles. Inutile de parler ici des modifications nécessaires qu'a dû subir ce système ; nous en arriverons brièvement à l'analyse du système français actuel.

Nous avons en France trois sortes d'armées : 1°. l'armée active, 2°. l'armée de réserve qui comprend la réserve proprement dite et la garde mobile, 3°. la force publique composée de la garde nationale.

Ce système présenterait de très-grandes chances de

succès s'il était sérieusement appliqué. Mais en France l'on ne fait généralement attention qu'à l'armée active, qui représente ordinairement un effectif de 400,000 hommes, et l'on néglige totalement la garde mobile et la réserve, qui cependant forment un arrière-ban très-respectable. On se contente de donner aux réserves quelques *notions* générales du maniement des armes, et quelques *idées* très-superficielles des écoles de peloton et de bataillon. Les réserves ne sont exercées que pendant cinq mois, et certes cela ne suffit pas pour créer des soldats.

La garde nationale, qui est la force vive du pays, est totalement laissée de côté, et cependant, chose étrange, c'est presque toujours la garde nationale bien commandée qui a arrêté le plus souvent l'ennemi ou lui a infligé par sa résistance opiniâtre des pertes très-sensibles. N'est-ce pas en partie la garde nationale qui, pendant le siége mémorable de Paris, a tenu si longtemps en échec les forces prussiennes, qu'elle aurait pu vaincre si elle avait été commandée avec moins de mollesse.

En résumé donc, le système militaire français est bon quant au principe, mais il est excessivement mauvais quant à l'application, et c'est l'application et une application plus sérieuse de ce système modifié que nous demandons de tous nos vœux. Nous indiquerons brièvement plus tard comment nous pensons qu'il doit être modifié.

Jetons un coup d'œil en passant sur les principaux engins de la guerre relativement à l'armement français.

L'artillerie est en général la principale arme des batailles, ses effets moraux sont terribles, et sont presque toujours la cause d'une grande défaite ou d'une grande victoire. Nous n'entrerons point ici dans l'étude de l'artillerie en général, des diverses sortes de pièces et de tirs ; nous dirons simplement qu'aujourd'hui l'artillerie étant devenue le principal engin de la guerre, on ne saurait trop l'augmenter ; mais en dehors de sa force individuelle, elle doit être secondée par les deux autres armes. L'armement de l'infanterie se combine aujourd'hui parfaitement avec l'artillerie. En général, les armes à feu adoptées par presque toutes les puissances de l'Europe, telles que le chassepot, le fusil à aiguille, le Dreyse, le Lefaucheux, le Rémington, ont non-seulement une très-grande portée, mais encore une précision admirable. Ainsi nous avons une combinaison matérielle entre l'infanterie et l'artillerie relativement au feu, mais il n'y a pas de combinaison morale entre les trois armes. Je ne voudrais pas voir de généraux de division d'infanterie, d'artillerie et de cavalerie. Je voudrais que chaque officier général prétendant arriver au grade de général de division, fût capable de commander à lui seul l'infanterie, l'artillerie et la cavalerie, ayant sous ses ordres des généraux de brigade de chaque arme ou même de simples colonels, afin qu'il y eût plus d'unité dans le commandement. Ainsi, dans chaque division d'infanterie marchant au feu, il devrait y avoir constamment plusieurs batteries d'artillerie et quelquefois de la cavalerie. Donc il paraît inutile qu'il y ait des généraux de division pour chaque arme ; attendu qu'un seul général doit être absolument maître dans sa division, ceci amenant l'unité dans le commandement et plus de fusion entre les diverses armes.

Quant à l'arme blanche, elle est à peu près la même pour une grande partie de l'Europe; cependant la Prusse et la Russie ont conservé en partie la baïonnette triangulaire. La France et l'Angleterre ont adopté d'une manière à peu près uniforme le sabre-baïonnette. Donc le système d'armement étant à peu près le même, ce n'est que par le nombre et la supériorité du tir qu'on obtiendra des résultats sérieux.

Notre organisation militaire ne permet pas d'avoir à un moment donné un grand nombre d'hommes sous les armes. Nous allons examiner rapidement la loi sur le recrutement de l'armée et nous nous convaincrons facilement de la vérité que j'avance. Les lois du 21 mars 1832 et 26 avril 1855 font établir dans la session législative le contingent et le budget pour l'année suivante. Sans parler de cette manière de procéder qui paraît absurde, parce que la question vitale du pays, c'est-à-dire la question de la défense Nationale, est laissée au vote inconsidéré d'une foule plus ou moins inepte en cette matière, nous considérerons ce qu'il y a de particulier dans cette loi.

D'abord le tirage au sort érigé en principe est absurde, parce qu'on laisse au hasard le soin de désigner les hommes qui doivent se dévouer pour le salut de notre mère commune, comme si tout citoyen n'était pas astreint aux mêmes devoirs. L'on prend une portion de ces hommes que le sort a désignés, on les envoie à l'activité en faisant peser sur eux seuls pendant près de neuf ans toutes les charges que comporte l'impôt du sang; l'autre portion est versée dans ce qu'on appelle la réserve, et demeure tranquillement dans ses foyers. Enfin, les hommes que le sort a favorisés peuvent se réjouir dans le repos de ce que leurs frères vont combattre pour eux. On le voit, il ne peut y avoir dans une circonstance donnée qu'une portion d'hommes sérieusement capables de combattre : tout le reste est inepte. Ainsi l'on perd par l'application de cette loi presque toujours mal interprétée deux catégories d'hommes qui grossiraient singulièrement nos bataillons. Cependant nous venons de voir que, par suite du perfectionnement des bouches à feu, l'avantage ne demeure plus comme autrefois à l'adresse et au courage, mais à l'instruction et au nombre, et ce nombre nous ne l'atteindrons jamais en appliquant rigoureusement la loi du 21 mars 1832.

D'un autre côté, on admet comme principe, en dehors des appels, les engagements volontaires ; évidemment c'est ce que l'on pouvait faire de mieux ; mais cette même loi tolère les exonérations, les remplacements, ce qui est moralement mauvais, car le plus souvent un homme apte au service, instruit, intelligent, sera remplacé par un individu de peu de valeur. La loi de 1855 a prévu ce cas et elle a modifié celle de 1832 par le remplacement administratif. Mais quand on a adopté cette modification, l'on n'a point fait attention aux conséquences qu'elle pouvait entraîner sous un gouvernement personnel, c'est-à-dire un détournement essentiel de fonds ou le déplacement des liens moraux qui unissent le soldat à son drapeau. Enfin l'on en est revenu à l'application de la loi de 1832 et l'on n'a pas su éviter un écueil que sans doute on n'a point compris ; car, outre ce que nous avons dit plus haut, par l'application de cette loi on crée dans l'armée deux armées, dans un corps deux corps ; l'armée proprement dite et l'armée des remplaçants, c'est-à-dire l'armée des mercenaires.

De sorte qu'en admettant environ dix remplaçants pour cent soldats, nous en arrivons à avoir une armée de quarante ou de cinquante mille hommes servant pour une solde et non par dévouement. Je ne veux pas dire cependant que le remplaçant, par là-même qu'il est remplaçant, ait moins de valeur individuelle qu'un autre, ou n'ait pas les mêmes vertus civiques. J'aime à croire qu'en France tous les citoyens sont Français, c'est-à-dire qu'ils ont tous l'amour de la patrie et sont portés à la défendre sans avoir recours à la cause de l'intérêt. Et cependant combien de fois l'expérience nous a montré que l'on devait établir une grande différence entre l'homme qui sert son pays par dévouement et celui qui le sert par intérêt.

Les hommes seront toujours des hommes, c'est-à-dire des êtres naturellement enclins à prendre le mauvais côté d'une loi bonne quant au principe, mais défectueuse quelquefois dans son application. Aussi pour contrebalancer ces inclinations désordonnées, il faudrait, se modelant en cela sur l'austère Sparte, stimuler toujours le dévouement à la patrie et l'amour de la vertu. La loi de 1832 au contraire semble plutôt faire un appel à l'intérêt qu'au patriotisme; et elle prive ainsi moralement la patrie d'un grand nombre de milliers d'hommes; au lieu d'augmenter les forces de la France, elle les affaiblit.

Je terminerai ces réflexions en disant quelques mots de la loi du 14 avril 1832, sur l'avancement dans l'armée. Au prime abord, cette loi est sage sans doute, mais elle présente de fort grands inconvénients, parce que forcément les hommes d'un talent supérieur arrivent trop tard au commandement général, et alors ils n'ont plus la même vigueur, ils ne possèdent plus les mêmes qualités physiques qui sont indispensables à un général en chef. Tous les grands capitaines ont commandé de bonne heure. Annibal, César, Pompée, Alcibiade, Périclès, Gustave-Adolphe, Charles XII et autres avaient déjà conquis une très-grande réputation militaire, et ils n'avaient pas encore atteint l'âge de quarante ans. Turenne était maréchal de France à trente-trois ans; Condé, tout jeune encore, gagnait la bataille de Rocroy; Hoche mourait à vingt-neuf ans après avoir illustré la France par ses exploits, et Bonaparte à vingt-sept ans avait fait sa première campagne d'Italie. Ainsi généralement tous les grands capitaines ont commandé fort jeunes les armées qu'ils devaient conduire à la victoire. Cependant notre loi du 14 avril 1832, ne tenant généralement compte que de l'ancienneté, coupe les ailes au génie et ne laisse arriver aux premiers commandements militaires les hommes sérieux que lorsqu'ils sont près d'atteindre cet âge où les facultés intellectuelles et morales sont en partie considérablement affaiblies. Dès lors plus de conception prompte, plus de ces plans hardis qui décident presque toujours du sort d'une campagne, mais seulement la rigoureuse application d'une théorie routinière. Nous ne prétendons pas indiquer ici les modifications qu'il y aurait à apporter à cette loi, du reste généralement sage dans le principe; nous laissons au sens public le soin de juger nos appréciations et aux gouvernants ayant mission de par Dieu, celui d'apporter un prompt remède aux maux que nous signalons.

CHAPITRE II.

§ Ier. — Système applicable à la France.

La loi des 8 avril, 22 mai 1832, 13-26 juin 1851, relative à l'établissement de la garde nationale sédentaire, paraît excellente quant au principe, mais son application devient difficile dans la pratique; aussi on la rejette le plus souvent ou du moins on la relègue au second plan, et on ne l'adopte sérieusement que dans les moments de grandes crises, alors que son application immédiate devient inutile par suite de l'ignorance manœuvrière des hommes qui en font partie. Et cependant, je n'hésite pas à dire que c'est dans l'esprit de cette loi mieux interprétée et constamment appliquée que se trouvent la grandeur, la prospérité, la sécurité et le bonheur de la France. Mais pour cela, il faut que chaque citoyen puisse bien se convaincre que de son patriotisme absolu et de son dévouement individuel, dépendent nécessairement le dévoûment et le patriotisme de tous: deux éléments indispensables pour l'acquisition de la tactique et de la science militaire qui, seules aujourd'hui, assurent infailliblement le succès.

La France a été vaincue, parce qu'elle s'est trouvée désarmée au jour des grandes luttes. Pour que le peuple français reprenne donc ses droits de premier peuple du monde, il faut qu'il soit, qu'on me passe cette expression, un soldat armé d'une frontière à l'autre. L'on voit que, par cette pensée ainsi exprimée, je n'ai pas l'intention de parler seulement de l'armée proprement dite qu'on est convenu d'appeler armée active et qui n'est tout au plus qu'une légère fraction de la grande unité nationale. Notre armée est évidemment très-bonne, et à armes égales elle sera toujours victorieuse ; mais dans le système admis par la plus grande partie des peuples européens, système qui consiste à lancer une nation contre une nation et à répéter jusqu'à un certain point le mode d'invasion des Barbares, cette armée est insuffisante, quels que soient sa bravoure, son intelligence et son commandement. Aussi répéterai-je ici ce que j'ai dit dans une autre circonstance, tout en modifiant cependant le sens trop général de mes expressions: que selon le droit humain et le droit divin en France comme partout ailleurs, depuis le berceau jusqu'à la tombe, tout homme est soldat; c'est-à-dire que depuis l'adolescence jusqu'aux extrémités de l'âge mûr, chaque citoyen doit constamment à son pays le tribut du sang.

Le courage individuel ne pourra jamais donner seul un bon mouvement stratégique et la fermeté au feu. On ne peut obtenir ces deux résultats que par la discipline, l'obéissance et l'instruction manœuvrière. D'où il résulte qu'en dehors du nombre, il nous faut surtout et avant tout l'instruction.

Avant de passer à l'étude de la loi des 8 avril, 22 mai 1832, etc., je dirai que je trouve encore mauvais le système qui enlève à un commandement séparé, quelque grade qu'ait d'ailleurs le chef, en temps de guerre surtout, la direction ou plutôt le commandement de l'Intendance et des corps médicaux, parce qu'il y aurait plus d'unité en agissant différemment. Mais cette question devant être traitée à part et d'une manière plus sérieuse que ne le comporte le cadre d'une brochure, je me contente d'énoncer mon opinion en passant.

C'est en m'inspirant du sens et de l'esprit de la loi des 8 avril, 22 mai 1832, 13-26 juin 1851, que j'ai cru nécessaire d'appliquer constamment cette loi à tout homme valide, sans distinction de races ni de castes, depuis l'âge où il est homme, c'est-à-dire depuis 20 jusqu'à 50 ans.

Cependant, comme une aussi grande masse d'hommes ne peut être entretenue aux frais de l'Etat, voici ce que je jugerais convenable et rationnel.

Tous les hommes de vingt à cinquante ans seraient astreints à servir le pays, et pour cela on pourrait établir trois catégories qui seraient ainsi décomposées : 1°. armée active, 2°. armée de campagne, 3°. armée de réserve.

L'armée active comprendrait déjà un noyau de quatre cent mille hommes et serait toujours prête au combat. La durée du service serait de trois ans, et aucune dispense ou exemption ne serait accordée, sauf les cas prévus par la loi qu'il faudrait encore modifier. Je pense qu'il serait nécessaire de revoir et de modifier l'article 13 de la loi du 21 mars 1832, notamment les n°s 3, 4, 5, 6, 7, et dans l'article 14 de la même loi les n°s 4, 5, 6.

Plus donc la durée du service serait diminuée, plus l'instruction devrait être poussée avec vigueur.

Je reviendrai peut-être plus tard à l'armée active comme enseignement, mais je dirai en passant relativement aux cadres, qu'il serait bon de mal noter les officiers qui fréquenteraient les cafés et les maisons de débauche; ne jamais porter sur le tableau d'avancement ceux qui n'auraient pas justifié à la fin de l'année d'un progrès quelconque comme science militaire, au besoin les destituer pour en faire de simples soldats. Ne laissons pas non plus de place au favoritisme ; je ne voudrais connaître qu'une seule manière de faire arriver les officiers : le concours, l'étude et la bonne conduite.

L'armée de *campagne* comprenant les hommes qui, en dehors du service actif, feraient partie du service national et demeureraient dans leurs foyers, pourrait être divisée en deux catégories ou appels. La 1re catégorie serait formée des citoyens de vingt à trente-cinq ans, ce qui produirait un effectif approximatif de sept cent mille hommes. La 2e catégorie comprenant les citoyens de trente-cinq à quarante ans, produirait un second effectif de près de sept cent mille hommes. La 1ere catégorie, on le voit, quoique ayant une période beaucoup plus longue, ne fournit qu'un effectif absolument semblable à celui de la 2e, parce que j'en ai soustrait l'armée régulière ou active, les élèves des écoles, etc. Ainsi l'armée dite proprement armée active, comprendait 400,000 hommes, et l'armée de campagne 1,400,000 ; de sorte qu'au moment d'entrer en ligne, nous pourrions avoir sous la main 1,800,000 hommes.

Quant à l'armée de réserve, elle recevrait dans son sein les hommes de la période décennale de 40 à 50 ans, ce qui donnerait par conséquent un second effectif approximatif de 1,400,000 hommes. Il en résulterait nécessairement qu'à un moment donné nous pourrions avoir sous les armes 3,200,000 hommes prêts à faire face à l'ennemi.

Cependant, en admettant cet effectif comme certain, je me tromperais, parce que les maladies, les accidents imprévus, enlèvent beaucoup d'hommes dans la période comprise entre 20 et 50 ; on peut en compter, en moyenne, six pour cent. Il est vrai que l'on pourrait dire qu'il y a des jeunes gens qui, atteignant annuellement leur vingtième année, remplaceraient environ les deux cinquièmes de ceux qui meurent, donc nous aurions, en déduisant les hommes qui périssent avant le temps, un effectif approximatif de 3,000,000.

Ceci, dira-t-on, est magnifique comme principe, mais impossible comme application. Evidemment, ce n'est pas en sortant d'une lutte dans laquelle elle est entrée sans préparation, que la France peut arriver immédiatement à ce résultat. On n'instruit pas un peuple dans une année; ce n'est qu'en agissant sur les jeunes générations que l'on pourra arriver au but que je propose. Cependant, je ne prétends pas établir en France le système des casernes. Je veux laisser au peuple français ce qui fait surtout sa grandeur, je veux laisser à ce peuple né guerrier, mais depuis longtemps énervé par les délices de Capoue, c'est-à-dire par sa trop grande prospérité, ce qui fait surtout sa gloire : la culture des arts, du commerce et de l'industrie. Les arts, nous le savons, sont une grande preuve de la force vitale d'un peuple, attendu qu'ils affirment son intelligence. Dès que l'amour des lettres et des arts tend à disparaître, toute idée du grand et du beau s'en va, et en même temps l'amour du bien s'évanouit; car, quoi qu'en disent nos rhéteurs plus ou moins anti-catholiques, on ne sépare jamais le vrai et le beau du bien. Le commerce se comprend par les transactions sociales ou internationales, qui n'exigent, la plupart du temps, qu'une intelligence très-ordinaire. L'industrie va plus loin, elle se comprend surtout par l'invention. Il ne faut donc faire de la France ni un camp ni un marché, mais une fédération, non pas toutefois dans le sens que l'entendent les socialistes. Je vais expliquer ma pensée, et je crois qu'à la longue on peut l'appliquer sérieusement, et qu'après l'avoir méditée, on ne trouvera rien qui laisse au citoyen plus de liberté individuelle, donne à l'homme honnête plus de sécurité, et procède cependant avec plus de fermeté à l'instruction de tout un peuple, et au développement de l'esprit militaire, qui, naturellement, produit le dévoûment indispensable dans une grande guerre.

§ II. — Composition et Instruction.

On le voit, je comprends, sous ce titre la composition et l'instruction, non pas de l'armée active, mais des armées de campagne et de réserve. Nous avons dit que nous divisions la garde nationale en deux grandes catégories : l'une comprenant les hommes de 20 à 40 ans et l'autre celle de 40 à 50 ans. Pour ces deux catégories, cependant, la composition et l'instruction seraient les mêmes, et nous adopterions pleinement, à ce sujet les lois de 1832 et 1851, en les modifiant légèrement quant à la nomination des officiers que le Gouvernement seul devrait choisir capables, et rendre responsables d'une façon plus directe : l'élection étant une absurdité.

Quant à l'instruction, nous nous modèlerions sur le genre d'instruction donnée à l'armée active, en la modifiant cependant d'une manière sensible.

Chaque arrondissement formerait à lui seul un régiment ou une légion dont le colonel et l'état-major se tiendraient au chef-lieu d'arrondissement. Dans chaque localité, sous la surveillance des chefs de bataillon respectifs, il y aurait pour les cadres des compagnies instruction théorique et pratique deux ou trois fois par semaine, et une fois au moins exercice pour les gardes nationaux de la compagnie.

Tous les mois, et plus souvent si cela paraissait nécessaire, le colonel passerait sa légion en revue ou avec ensemble au chef-lieu d'arrondissement, ou séparément par bataillon dans chaque chef-lieu de canton.

L'on pourrait admettre comme volontaires les jeunes gens de 17 à 20 ans qui, à ce dernier âge, entreraient forcément dans l'armée active. Pour ces volontaires déjà dressés et ayant servi antérieurement dans la garde nationale, on pourrait réduire la durée du service actif d'un an, puisqu'en rentrant dans leurs foyers ils seraient appelés à faire partie de l'armée de campagne, nommée premier ban de défense. Je pense donc que dans chaque département il pourrait y avoir quatre ou cinq légions ou régiments.

Dans chaque demi-brigade il pourrait y avoir une batterie d'artillerie. Le général de brigade commanderait ces régiments en dehors de ceux qu'il commande déjà dans l'armée active, parce qu'il serait convenable, à mon avis, de laisser subsister telles que, les anciennes divisions et subdivisions territoriales.

Deux fois par an un inspecteur général, nommé par le Gouvernement, passerait la revue des gardes nationales, afin de s'assurer plus sérieusement qu'on ne l'a fait jusqu'ici de l'instruction des officiers, sous-officiers et caporaux et du progrès des hommes relativement à l'esprit guerrier et patriotique, de la manœuvre d'ensemble, de l'entretien des armes, du bon état des munitions; destituerait les officiers ineptes et en ferait nommer d'autres sur-le-champ, porterait à la connaissance du Gouvernement ceux qui auraient bien mérité, et rendrait un compte sérieux et détaillé de ses opérations. Ces hommes donc, au lieu de relever du Ministère de l'intérieur, relèveraient directement du ministre de la guerre qui aurait ainsi sous sa main des forces considérables qu'il pourrait faire entrer en ligne concurremment avec l'armée active. L'armée de réserve, comprenant les hommes de 40 à 50 ans, ne serait appelée qu'à la dernière extrémité. A cette armée, durant la guerre, serait surtout confié le soin de maintenir la sécurité à l'intérieur. Ainsi, au moment d'entrer en ligne, soit pour envahir, soit pour protéger le sol sacré de la patrie, le Gouvernement pourrait lancer avec cette organisation, qui demande une période de six ou dix années pour être sérieusement appliquée, une armée de quinze ou seize cent mille hommes, tandis qu'il en resterait à peu près autant pour la garde des frontières et le maintien de la sécurité publique à l'intérieur.

Quant à l'armée de réserve, décomposée en temps de guerre en deux ou trois catégories, elle pourrait donner successivement à chacun de ses appels, en cas de désastre, 150 ou 200,000 hommes, tout en conservant un chiffre respectable pour maintenir la tranquillité publique et forcer le respect aux lois.

Ainsi, sans grever le budget, dans une période décennale, la France peut avoir deux ou trois millions d'hommes instruits, dressés et capables par conséquent de prendre une revanche éclatante des affronts de 70 et 71, et de l'abandon plein d'ingratitude dans lequel les autres puissances nous ont laissés.

Il faut cependant admettre le programme de M. Jules Simon relativement à l'instruction gratuite et obligatoire. De plus, le système prussien qui ordonne que, dans tous les gymnases et dans toutes les écoles du Gouvernement, l'enfant soit initié au service militaire et aux exercices du tir, devrait être applicable à la France. De cette façon, nous aurions, dans un temps peu éloigné de nous, des générations nouvelles qui, par le cœur et l'intelligence, seraient aptes à faire la guerre sans avoir encore songé à payer le tribut du sang. Par le cœur, elles seraient habituées à se regarder d'avance comme vouées à tous les sacrifices; par l'intelligence, elles seraient déjà manœuvrières avant d'avoir paru sur un champ de bataille.

CHAPITRE III.

Coup d'œil sur la manière dont la Guerre avec la Prusse a été conduite.

Avant d'aborder directement la question qui fait le sujet principal de ce chapitre, nous allons jeter un coup d'œil rapide sur les causes qui aujourd'hui peuvent empêcher ou détruire une nouvelle coalition contre la France. Elles sont de deux sortes : intrinsèques et extrinsèques. Les causes intrinsèques se tirent de la nature même du sujet, les causes extrinsèques se tirent des attributs accessoires qui n'entrent pas dans l'essence même du sujet. Ici nous tirerons les raisons intrinsèques du déplacement de l'équilibre européen, et les arguments extrinsèques de la politique suivie depuis les traités de 1815.

Aujourd'hui l'on ne pourrait plus voir comme autrefois un traité de la Sainte-Alliance, parce que l'équilibre européen est rompu, ou du moins n'est plus le même. L'ambition de la Russie et de la Prusse a fait qu'aujourd'hui l'Europe n'est plus ce qu'elle était il y a six ans. Du reste, nous allons voir que les hommes qui ont marché ensemble, en 1814 et 1815, contre nous, ne pourraient pas agir de même, parce que la civilisation a grandi et avec elle les tendances et les aspirations des peuples. Une armée coalisée en effet, aujourd'hui plus que jamais, quelque considérable qu'elle fût d'ailleurs, manquerait de ce principe qui fait la force de toute armée : l'homogénéité. Elle serait tout au plus un assemblage formé de plusieurs races qui n'ont pas la même origine, les mêmes mœurs, le même langage, les mêmes traditions, le même génie, et partant les mêmes aspirations. Ainsi l'on verrait les races germaniques et saxonnes marchant côte à côte avec les races slaves et latines contre une race elle-même latine. De là découle nécessairement une grande conséquence, c'est que la diversité d'ambitions, les jalousies, les rivalités susceptibles produiraient de la confusion dans le commandement, et partant amèneraient des trahisons et des désastres. On dira peut-être, pour répondre à ce que j'avance, qu'on a bien pu voir autrefois tous les peuples de l'Europe ligués pendant vingt ans contre nous, et que cependant, malgré la diversité des races, ils ont été constants dans leur haine et qu'il n'y a eu entre eux ni divisions, ni trahisons. Les limites d'un simple opuscule ne me permettent pas de montrer les causes qui alors faisaient de la France un ennemi commun. Les temps ne sont plus les mêmes, les principes de 89 ont fait avec notre drapeau le tour du monde et ont laissé partout des racines peut-être trop fécondes. Il pourrait, à un moment donné, exister contre la France une haine de rivalité; mais aujourd'hui, en Europe, il n'y aura plus contre elle ce que j'appellerai une haine de principe. Du reste, l'équilibre européen étant *momentanément* rompu et la France ne pouvant prétendre, pour de longues années encore, à la domination, il en résulte que les raisons que j'émets, tendant à prouver l'impossibilité d'une coalition sérieuse contre nous, me paraissent irréfutables. La Russie, joignant ses armes à l'Allemagne, aurait jusqu'à un certain point un principe homogène ; mais il n'en serait pas de même de l'Angleterre qui, elle seule, comprend bien ses intérêts personnels et dont la politique est toujours basée sur des calculs d'ambition. L'Angleterre ne peut pas laisser annihiler la puissance maritime française au profit d'une nationalité qui ne rêve que l'agrandissement territorial, et qui vise surtout à créer une marine imposante qu'elle puisse lancer dans la mer Baltique, qui serait alors sa seule vassale, et de là dans la mer du Nord, la Manche, l'Océan et la Méditerranée. Il n'est pas non plus dans l'intérêt de l'Angleterre de laisser arriver la Russie sur les bords du Bosphore ; lui laisser dominer à son gré la mer Noire, la mer de Marmara et le détroit des Dardanelles. Dans ce cas, en effet, le pavillon anglais qui a jusqu'ici prédominé en Europe et dans le monde entier, ne deviendrait plus qu'un simple pavillon marchand, et sa supériorité serait non seulement amoindrie, mais réduite à néant. Enfin, l'Italie, qui est aujourd'hui à la remorque de la Prusse, finira par comprendre un jour que les agrandissements successifs de cette dernière puissance et le but politique qui a ordonné le chemin de fer du mont Saint-Gothard, menacent non seulement la France, mais encore l'influence maritime italienne dans la Méditerranée et l'Adriatique.

D'un autre côté, l'on pourrait susciter à la Russie et

à la Prusse un obstacle sérieux : ce serait la Pologne insurrectionnelle ; la Pologne se levant pour reconquérir son indépendance occuperait une forte armée. Un pareil mouvement a eu lieu en 1862 et 63, et a fait trembler la Russie entière qui, seule cependant alors, était occupée à combattre l'insurrection, et donna des inquiétudes sérieuses à la Prusse et à l'Autriche. Que deviendrait cette puissante diversion ; quelles proportions ne prendrait-elle pas, dirigée et soutenue par les armes de la France ? Elle peut avoir des résultats que nul ne pourrait actuellement prévoir. L'Autriche, trop faible et tiraillée à l'intérieur par la révolution, serait obligée de concentrer une partie de ses forces en Gallicie et d'employer les autres au maintien de la tranquillité intérieure ; de sorte que ses forces deviendraient presque nulles pour une coalition.

Enfin, en lançant une flotte dans l'Océan, du côté des possessions anglaises, on occuperait assez la Grande-Bretagne pour que ses forces fussent en partie annihilées.

Donc il faut croire que la France, ayant des ressources incalculables, bien commandée, bien organisée, peut tenir tête à la plus forte puissance de l'Europe. En résumé, la France, quelque accablée qu'elle soit par ses revers, peut se relever et trouver dans ses blessures mêmes une force nouvelle, pourvu qu'elle soit dirigée par des hommes de talent et de sacrifice. Mais ces qualités se trouvent rarement réunies dans le même individu : l'un aura du talent et manquera d'énergie, un autre aura du génie, un caractère ferme et décidé, et sera dépourvu de ce dévoûment qui produit le désintéressement même dans le pouvoir. Généralement, tous les hommes se ressemblent, parce qu'ils sont pétris du même limon, et, à une présidence de la République, dans l'homme animé des meilleurs sentiments naît presque toujours la tentation d'un gouvernement personnel. Pour conserver donc le bien qu'une sage république peut avoir fait, il faut que la France cherche, avant tout, un homme de talent et de vertu. Mais ici, en parlant de vertu, je considère surtout les vertus civiques qui élèvent et honorent l'homme, en en faisant le véritable sauveur de ses frères et l'apôtre de l'humanité, et non ces vertus intéressées qui ne produisent que le rapetissement de l'esprit et le rétrécissement du cœur. Ces hommes qui se croient vertueux, parce que leur mauvaise nature les empêche d'être aimants, sont pleins d'un égoïsme cupide, d'orgueil et d'intérêt. Que de larmes, cette sorte de gouvernement personnel, plein d'une lugubre hypocrisie et d'un bigotisme perfide, n'a-t-il pas fait verser à notre malheureuse patrie ! La France, aveugle dans la confiance qu'elle avait dans ces hommes qui s'intitulaient vertueux, ne s'est réveillée et n'a reconnu son erreur que lorsqu'elle s'est vue plongée dans l'abîme d'où elle ne sortira que grâce à des sacrifices inouïs, à des douleurs sans nom, et à des torrents de larmes et de sang dont les flots écumants d'une généreuse colère feront bientôt pâlir de terreur les bords du Rhin altier. La France, appuyée sur son ancien génie guerrier et patriotique, sortira victorieuse un jour de la grande crise qu'elle traverse sans y être préparée. Le peuple, aujourd'hui égaré, sera demain clairvoyant, et verra que ce n'est pas par la haine seule et en suivant une voie semée de proscription, de pillage et d'épouvante, calculée dans un but certainement politique, puisqu'il amène nécessairement une fausse sécurité sans confiance, mais avant tout personnel, que les nationalités marchent d'un pas sûr vers la civilisation et le progrès.

Nous terminerons ces réflexions par notre appréciation personnelle sur la manière dont la guerre avec la Prusse a été conduite. Nous prévenons le public que notre jugement n'est point une critique, et que conséquemment nous ne faisons pas de personnalité ou que du moins nous n'attaquons pas l'honorabilité des chefs dont nous pourrions quelquefois blâmer la conduite.

Nous établirons tout d'abord ce principe que, même avec la disproportion numérique de nos forces, nous pouvions résister avantageusement à la Prusse, si nous eussions su comprendre les premiers éléments de la science militaire.

Il est incontestable que nos forces ont été distribuées sans aucune apparence de plan sérieux, d'expérience ou de stratégie. Il paraît inconséquent en effet d'établir, avec des troupes aussi peu nombreuses, un vaste cordon depuis Thionville jusqu'à Bâle, quand nous étions sûrs que la Prusse nous attaquerait en masse sur un seul point. Il était plus simple, vu la supériorité numérique de nos ennemis, d'abandonner après le coup de canon de Wissembourg la ligne du Rhin, passer la Sarre et se replier derrière la Moselle dont on aurait fait une première ligne de défense. Après cela, on pouvait enserrer l'armée prussienne dans l'espace compris entre l'embranchement de la Sarre et de la Moselle, depuis Thionville jusqu'à Metz, et s'établir fortement soit sous le canon de Thionville, soit sous celui de Metz. En s'établissant en avant de Thionville, en cas d'échec improbable, nous pouvions nous abriter sous les murs de cette forteresse, ou du moins nous replier et manœuvrer sur la rive gauche de la Moselle. Nous pouvions tourner Thionville, venir nous établir à Montmédy, y attirer l'ennemi en lui faisant exécuter un mouvement tournant, toujours sous le canon de Thionville. Cette tactique nous procurait l'immense avantage d'épuiser l'armée prussienne par des escarmouches et des combats d'arrière-garde, afin de gagner un temps précieux pour la préparation de notre défense intérieure, et enfin forcer l'ennemi à venir se briser sous le canon de Sédan. L'on pouvait encore établir l'armée en triangle de la manière suivante :

L'aile droite appuyée en arrière de Metz, l'aile gauche en arrière de Thionville et le centre en avant de Briey. De cette façon, nous forcions l'ennemi à passer la Moselle pour nous attaquer et nous pouvions lui faire payer cher cette audace. D'un autre côté, en cas d'échec, par un mouvement concentrique sur Briey, on pouvait se retirer tranquillement sous les murs de Verdun, tandis que l'ennemi aurait été obligé de détacher des forces considérables pour faire le siége de Thionville et de Metz. De Verdun, il aurait été facile de s'engager dans les défilés de l'Argone, en faisant éprouver des pertes sensibles à l'ennemi, d'entrer ensuite dans les défilés de la Marne et de l'Aube, en se repliant toujours et en se retirant constamment de la manière que je l'ai indiqué, soit que nous eussions éprouvé des échecs partiels, soit que nous eussions eu des victoires.

L'armée, ainsi savamment conduite et faisant subir des pertes sensibles et journalières à l'ennemi, aurait donné aux corps de la Loire le temps de s'organiser. Ce n'est qu'alors seulement que, en évaluant approximativement les pertes subies dans une aussi longue retraite, forte d'environ 300,000 hommes, elle se serait arrêtée en avant de Troyes, qui devenait, pour l'ennemi, le point objectif naturel. L'armée de la Loire, se portant par un mouvement tournant sur Brienne, serait venue s'établir en avant sur la gauche de l'ennemi. L'armée de la Loire, forte d'environ deux cent cinquante ou trois cent mille hommes, aurait eu pour mission de couper en deux tronçons les masses prussiennes, en se jetant sur leur flanc gauche, tandis que l'armée de tête aurait dû les retenir et les rejeter dans la direction de Paris, en empêchant ainsi l'invasion du reste de la France. Pour nous, dans cette bataille la première vraiment sérieuse, et dans cette série d'escarmouches de combats partiels inévitables depuis l'ouverture des hostilités, notre point objectif était nécessairement Paris.

Ainsi, ce projet pouvait être regardé comme le premier et l'unique principe d'une défense bien comprise. De cette façon, nous forcions l'armée prussienne à s'établir dans un vaste triangle, dont le sommet était l'armée de Paris, et dont les côtés et la base se trouvaient formés des armées de la Loire et de Troyes: celle-ci en arrivant à Corbeil, et celle de la Loire, en continuant son mouvement tournant, et en venant s'établir à Meaux. Ainsi, nous tenions l'armée prussienne comme entre les lames acérées d'un vaste ciseau, qui en se refermant devait la broyer.

Le grand talent donc d'un général en chef dans cette guerre désastreuse consistait, en agissant seul d'abord à la frontière, à attirer, par une retraite combinée avec les ressources intérieures, l'ennemi sur Troyes et de là sur Paris, en laissant aux généraux prussiens le soin d'inscrire sur leurs bulletins des triomphes journaliers, s'ils le jugeaient à propos. Pour nous, le point essentiel, ainsi que je l'ai dit plus haut, était de tenir tête à l'ennemi tout en se retirant pas à pas, et ne commettant pas la faute du maréchal Bazaine, qui se laissa enfermer sous Metz.

Je ne voudrais pas cependant que l'on comprît par là que je voulais faire couvrir Paris; non, évidemment non. Il était nécessaire, au contraire, que les mouvements combinés des armées de la Loire et de Troyes, forçassent les colonnes allemandes à s'avancer jusque sous les forts de la capitale. Nous avons eu de vaillants soldats et des généraux qui, tous évidemment, n'étaient pas à la hauteur de leur mandat. Et cependant, ce n'est pas dans les bals et les salons que se forment les grands capitaines, c'est par le travail et l'étude.

Il serait peut-être utile ici de prouver à un grand nombre que, à quelque degré de l'échelle sociale que l'on se trouve placé, on n'est jamais exempt de la loi du travail. Je dirai simplement que le travail est dans l'essence même de la nature humaine. Tout est un sujet d'étude pour l'homme ici-bas; depuis l'être le plus matériel, jusqu'à la combinaison la plus abstraite, tout a besoin d'être étudié et approfondi, et tout ne sera jamais parfaitement compris et partant parfaitement défini. Les phénomènes seuls de la conscience nous sont connus par voie d'intuition; parce que là un régulateur suprême nous donne toujours le pouvoir souverain du *Nosce*, c'est-à-dire cette discrétion qui nous fait discerner, d'une manière infaillible, ce qui est bien de ce qui est mal. Mais en dehors de la conscience, ce rayon lumineux qui éclaire l'homme tout entier, même involontairement, en tant qu'il marche dans la vie dans un sens moral ou immoral, c'est-à-dire en ce qui regarde les actes du cœur, de l'activité ou de la volonté, nous retombons dans de profondes ténèbres en ce qui concerne notre esprit. L'intelligence humaine affaiblie par le crime de notre premier père, ressemble à une lande déserte ou à une terre en friche, qui a besoin d'une culture journalière pour pouvoir porter des fleurs et des fruits. De là découle la nécessité de l'étude, c'est-à-dire ce besoin incessant d'apprendre, d'examiner et d'expérimenter, et partant ensuite de cet examen ou de cette science acquise, d'inventer. C'est ce qui distingue, si je puis parler ainsi pour les intelligences humaines, la bonne et la mauvaise terre. Celle-ci constamment cultivée, produira des fleurs sans doute, mais parce qu'elle est trop légère, elle ne saurait donner assez de sève à un arbre pour qu'il puisse donner des fruits ; celle-là, au contraire, dès qu'elle aura été cultivée et fécondée par un puissant engrais, produira des jets vigoureux et des fruits même mûrs avant le temps. L'érudit et l'homme de génie sont, l'un et l'autre, une réalité de cette comparaison. L'érudit apprend, expérimente, mais ne travaille que sur un fonds qui ne lui appartient pas. Il opère, si je puis parler ainsi, avec les instruments que des générations de génies leur ont confectionnés. L'homme de génie, au contraire, après s'être approprié tout ce qu'il a pu prendre de ses devanciers, ne s'arrête pas là, il perfectionne d'abord, puis il crée.

Transportons cette comparaison à un autre ordre d'idées : le rhéteur et l'orateur. Celui-là obéit servilement aux règles souvent étroites de la rhétorique ; il ne les dépasse jamais, jamais il ne parle par passion ou par cœur, il parle toujours par combinaisons. Chez lui toutes les phrases sont plus ou moins arrondies, les expressions sonores, les périodes carrées; chaque figure de mots et de pensées y est systématiquement à sa place, le langage, en un mot, est uniquement steréotypé sur les règles de la rhétorique. Le discours est fait pour plaire, il plaît en effet, car on ne peut voir plus de richesse, plus d'abondance et surtout plus d'ingénieuse application des mœurs oratoires, mais tout cela est froid, muet, sans vie; le cœur n'y est pour rien, c'est, si je puis parler ainsi, un beau cadavre.

L'orateur, au contraire, néglige quelquefois les règles pour faire parler la passion ; il s'adresse au cœur, parce que lui seul connaît mieux que personne ce qu'il doit dire.

Aussi, selon le mot profond de Quintilien : « *Pectus est quòd disertos facit* : c'est le cœur seul qui rend éloquent ; « il parle souvent d'improvisation sur un thème donné, il finit par persuader ceux auxquels il parle. Ainsi, comme nous le disions précédemment, entre l'homme de génie et le savant, il y a une différence essentielle : l'un étudie ce qui a été créé, le sait et s'arrête là ; l'autre comme le savant étudie, mais il se sert de son expérience, de ses études et de son cœur pour créer lui-même. Nous ne pouvons pas tous être des génies, mais nous pouvons tous être des savants jusqu'à un certain point. Dans tous les cas, il nous est ordonné de savoir ce qui concerne essentiellement notre position sociale : s'adonner à la mollesse et aux plaisirs, est toujours en tout temps une faute, mais perdre un temps précieux, quand on n'est pas à la hauteur de sa tâche ou de son mandat est un crime. L'on voit que j'en reviens à ce que je disais au commencement de ces réflexions ; l'étude est une condition indispensable pour devenir un homme sérieux ; car si l'étude ne donne pas les facultés intellectuelles, sûrement elle les développe. Tous les hommes qui ont été grands ont été des hommes de travail, et pour en revenir à notre première idée, tous les grands capitaines ont été des hommes d'étude. Retirés au fond de leur cabinet de travail, ils préparaient dans la solitude et le silence les opérations stratégiques qu'ils devaient exécuter le lendemain sur le terrain. Ainsi faisait Napoléon Ier, ainsi ont fait tous les grands capitaines. Nos ennemis actuels nous ont appris malheureusement trop tôt qu'ils étaient plus sérieux que nous, et que leurs chefs étaient des hommes d'étude.

FIN.

COUP D'ŒIL SUR LA LOI MILITAIRE DE 1868

Considérée comme base de la Réorganisation de l'Armée.

Dans la séance du 25 août dernier, l'Assemblée nationale a voté la dissolution graduelle de la garde nationale et la réorganisation de l'armée sur la base de la loi de 1868. Cette double mesure intéresse trop gravement le pays pour que nous ne nous permettions pas de donner notre appréciation personnelle sur ce fait accompli.

La loi de 1868 est bonne, sans doute, quant au principe. A l'époque où elle fut discutée et promulguée, elle était un perfectionnement et un progrès. C'est tout ce que l'on pouvait faire de mieux en ce moment, où une grande partie du Corps législatif, aveuglée par je ne sais quel sentiment de philanthropie malentendue, inclinait vers un désarmement général, cherchait à réduire notre budget militaire et nos contingents, et s'efforçait de prouver que les armées permanentes étaient au moins inutiles; que pour faire la guerre, il suffisait des levées en masse, qui, naturellement, devaient donner des masses de citoyens, mais pas un seul soldat. Aussi, la promulgation de cette loi produisit-elle un mécontentement général, et le premier essai de son application excita une commotion telle que, dans plusieurs grands centres de la France, on put croire à une véritable révolution. Je n'hésite pas à dire que celle du 4 septembre 1870 date de cette époque. La bourgeoisie surtout se montra d'une indocilité sans exemple; par suite de la plus stupide vanité, elle eut l'audace de méconnaître nos principes égalitaires devant la loi et l'impôt du sang. Pendant qu'à travers tous les âges la haute aristocratie abritait avec orgueil ses enfants à l'ombre du drapeau national en les envoyant à l'armée, cette sotte bourgeoisie de bas étage osa presque rougir du noble métier des armes et ne forma plus qu'un rêve : renverser un gouvernement qui la forçait à s'ennoblir. Effrayé de tant de résistance, surpris de tant d'égoïsme, dans un moment surtout où la guerre paraissant inévitable dans un avenir prochain, il aurait eu besoin d'être entouré de tous les dévouements et de tous les sacrifices, le Gouvernement ne poursuivit pas l'œuvre commencée et se vit forcé conséquemment de laisser dans l'inaction et l'ignorance une partie des réserves et la garde mobile, et de réduire ses effectifs et son buget. Sa perte était jurée, il le savait; il se prépara donc à mourir en laissant à la France égarée par les théories philanthropiques de ces hommes qui, depuis vingt ans, s'acharnaient sur ce pouvoir, la responsabilité de ses actes et de la désorganisation de cette belle armée qui avait porté avec honneur dans quatre parties du monde le drapeau français. A cette politique de crainte, d'atermoiements et de discordes, à ces utopies de paix générale sans cesse renouvelées à la Chambre, la Prusse a répondu en amoncelant sur la France ruines sur ruines; et ceux qui rêvent creux n'ont pas encore l'air très-convaincus!

On en revient enfin à la pensée de 1868, pensée qui, ainsi que nous venons de le dire, était très-bonne à cette époque, sous un régime régulier, mais qui, probablement aujourd'hui, ne produira pas les effets qu'on serait en droit d'attendre d'une sérieuse réorganisation militaire, surtout depuis la situation nouvelle qui nous est faite en Europe.

Avant d'émettre mon opinion personnelle, je poserai ce principe incontestable: que depuis le grand perfectionnement des bouches à feu et l'adoption du dangereux système qui consiste à lancer une nation contre une nation, ce n'est que par le nombre et une instruction solide qu'on obtiendra des résultats sérieux: la victoire s'attachant constamment aujourd'hui au drapeau des masses disciplinées dirigées par la science. Or, l'application de la loi de 1868 regardée comme base unique de la réorganisation de notre système militaire, précédée de la dissolution des gardes nationales, nous donne-t-elle cette supériorité numérique que nous pourrions atteindre si facilement?... Sans trop préjuger, il est au moins permis d'en douter.

Je sais que plusieurs modifications seront apportées à cette loi; je vais immédiatement au devant des deux principales qui doivent nécessairement entrer dans la pensée de tout homme sérieux: 1º. tout Français est soldat; 2º. la durée du service est fixée à trois ans. Les autres modifications ne seront probablement que des changements partiels, ou des fusionnements de corps qui n'augmenteront ni diminueront notre force réelle.

En partant donc de ces données, nous pouvons établir un effectif approximatif de 140,000 hommes par an, qui, au bout de trois ans, donnerait un effectif de 420,000 hommes pour l'armée régulière ou active. Annuellement, chacun de ces effectifs passant dans la réserve et de là dans la garde mobile, produirait pour ces deux derniers bans, un effectif d'ensemble de 840,000 hommes : soit, armée régulière, réserve et garde mobile: 1,260,000 combattants.

Mais, de ces effectifs illusoires, il faut déduire annuellement pour le service des intendances, le corps médical, les écoles, les exemptions, les dépôts, etc., au moins 50,000 hommes; ce qui diminue énormément le chiffre de ceux qui doivent faire le coup de feu, et porte par conséquent l'armée active à 370,000 hommes environ. Soit donc: armée régulière, réserve et garde mobile, ensemble 1,110,000 combattants.

De plus, en temps de guerre, pour la conservation de l'Algérie, de nos colonies, de nos frontières, et de la tranquillité publique qu'on ne pense plus sans doute confier à la garde nationale, il nous faut retrancher près de 400,000 hommes; il resterait donc pour faire face à l'ennemi 710,000 combattants. En supposant même que les effectifs que nous donnons ici aient été calculés un peu rapidement, et que, eu égard à la masse des citoyens qui doivent porter notre effectif général à 1,260,000 hommes, nous puissions dans un moment de crise, mettre en ligne 800 à 900,000 hommes au plus, je demande si ce chiffre est suffisant. Nous avons à nos portes un colosse qui, avec sa nation armée, s'est jeté sur nous à l'improviste, nous a broyés à son gré, a déchiré les glorieux traités de Vienne et de Westphalie, en nous enlevant l'Alsace et la Lorraine. Est-ce suffisant quand l'Allemagne unie n'aspire qu'à fouler de nouveau le sol français, lorsque les divisions des partis auront achevé de nous affaiblir ; quand cette ennemie terrible ne rêve pour la France, d'autre sort que celui de la Pologne, expirant jadis sous les dissensions intestines de sa noblesse ? Est-ce suffisant, quand ce géant qui a grandi si vite, peut se lancer demain sur nous avec quinze ou seize cent mille hommes, appuyés sur les forteresses de l'Alsace et de la Lorraine, dominant d'un coup d'œil notre frontière démantelée, avec une organisation militaire dans laquelle règnent la tactique, la science et l'unité ? A nos utopies de désarmement, de pacification, de réduction des contingents, la Prusse a répondu en vomissant sur notre sol plus d'un million de soldats, et nous, avec 7 ou 800,000 hommes, nous croyons pouvoir lui résister, après la rude leçon qu'elle vient de nous donner, et la difficile situation topographique qu'elle nous a faite ! En vérité, si la *furia francese* a produit de tout temps, dans notre armée un irrésistible élan que les autres nations admirent sans pouvoir l'imiter, il est permis de croire qu'à leur tour, la fatuité et la présomption ne disparaîtront jamais du caractère français.

D'un autre côté, pense-t-on que la garde mobile et la réserve n'étant que très-rarement exercées, ne perdront pas presque entièrement le fruit de leurs trois années d'activité, et que ces troupes en paraissant après plusieurs années sur un champ de bataille pourront résister solidement au feu et être manœuvrières? Je désire pouvoir me tromper dans mes appréciations ; je ne critique pas ; mais si j'ai préjugé sur cette difficile question de la réorganisation de notre système militaire, c'est parce que, mû uniquement par un sentiment patriotique, je voudrais que l'on se mît sérieusement en mesure de résister au colosse qui se prépare à nous lacérer de nouveau pièce à pièce.

Dans cette brochure nous avons assez parlé de la Garde nationale pour qu'il soit nécessaire de dire que nous désapprouvons hautement la mesure qui a été prise relativement à la dissolution et au désarmement des Gardes nationales. Dans la séance du 25 août, plusieurs orateurs compétents en cette matière ont fait entendre des paroles remarquables. Nous ne pouvons oublier les protestations des généraux Pélissier, Faidherbe et de M. Thiers qui, en présence des interruptions de la droite, s'écria : « Je sais la résolution que « m'impose le spectacle de l'Assemblée, » et l'éminent homme d'État se retira. Entraîné cependant plutôt que convaincu par le torrent de la droite et l'amendement Ducrot, auquel s'étaient ralliés un grand nombre de membres, le Gouvernement accepta, et la dissolution fut votée par une majorité avide de se débarrasser des entraves qu'opposait sans doute à ses desseins la Garde nationale, ou pour mieux dire le peuple français armé! Silence sur ce fait qui a ébranlé la base unique et raisonnable de la réorganisation de notre système militaire.

Cette mesure ne contrarie pas trop sans doute les plans de M. de Bismark, puisque l'on prête à ce sujet les paroles suivantes à ce grand politique : « Les Français ont été battus, ils veulent prendre leur revanche, ils le seront encore davantage. Ils ne savent profiter de rien, pas même de leurs malheurs. Ils ont commis une grande faute en créant l'unité italienne, et une plus grande encore en laissant faire l'unité allemande. » Voilà en substance le propos que tenait, dans les premiers jours de septembre 1871, cet éminent homme d'État à un *reporter* du *Times*.

Il y a six ans, nous écrivîmes un ouvrage intitulé *Palmyre*, que nous n'avons livré à la publicité que depuis quinze mois. Nous affirmons dans cet ouvrage cette pensée politique qu'à la Confédération germanique il faut un contre-poids pour garantir la France des attaques d'au delà du Rhin; et ce contre-poids, nous voulions que ce fût l'Italie *confédérée*. Le gouvernement français, prêtant une oreille trop docile aux voix tumultueuses de la Révolution, a créé l'Italie *une* et détruit la Confédération germanique en mettant la plus grande partie des peuples allemands sous la tutelle de la Prusse. Notre pensée politique annonçait des malheurs; les événements, hélas! ne nous ont donné que trop raison. L'Italie créée par nous, en nous abandonnant lâchement, a profité de nos désastres pour violer la Convention du 15 septembre et usurper les États-Pontificaux; la Prusse, grandie par notre imprudente politique, nous a fait descendre, mutilés, de ce haut rang que nous occupions en Europe au rang de puissance secondaire.

Aujourd'hui nous élevons de nouveau la voix contre de nouvelles fautes : la réorganisation de l'armée sur la base de la loi de 1868 et la dissolution brutale des gardes nationales. La France sans doute se prive ainsi de la gloire d'une éclatante revanche qu'elle rêve. Puissent notre protestation et notre pensée ne pas être une lugubre prophétie! Nous avons rempli notre devoir de citoyen ; que la patrie nous entende! Il ne nous reste plus qu'à nous renfermer dans un douloureux silence et attendre tout des événements et de Dieu!!!

Saint-Martin-Valmeroux, 15 septembre 1871.

J.-B.-X. BARDON.

Clermont, typ. Ferd. Thibaud.

www.ingramcontent.com/pod-product-compliance
Lightning Source LLC
Chambersburg PA
CBHW070707050426
42451CB00008B/530